STEP Ladder

STEP 1

(300-word Level)

アインシュタイン物語

The Albert Einstein Story

Nina Wegner

ニーナ・ウェグナー

はじめに

みなさんは英語で何ができるようになりたいですか。

外国人と自由にコミュニケーションしたい
インターネット上の英語のサイトや、ペーパーバック、英字新聞を辞書なしで読めるようになりたい
字幕なしで洋画を見たい
受験や就職で有利になりたい
海外で活躍したい……

英語の基礎的な力、とりわけ読解力をつけるのに大切なのは、楽しみながら多読することです。数多くの英文に触れることによって、英語の発想や表現になじみ、英語の力が自然に身についてきます。

そうは言っても、何から手をつけていいのかわからないということはないでしょうか。やさしそうだと思って、外国の絵本や子ども向けの洋書を買ってはみたものの、知らない単語や表現ばかりが出てきて、途中で読むのをあきらめた経験がある方もいらっしゃるのではありませんか。

おすすめしたいのは、学習者向けにやさしく書かれた本から始めて、自分のレベルに合わせて、少しずつ難しいものに移っていく読み方です。

本書《ステップラダー・シリーズ》は、使用する単語を限定した、やさしい英語で書かれている英文リーダーで、初心者レベルの方でも、無理なく最後まで読めるように工夫されています。

みなさんが、楽しみながら英語の力をステップアップできるようになっています。

特長と使い方

●特長●

ステップラダー・シリーズは、世界の古典や名作などを、使用する単語を限定して、やさしい表現に書き改めた、英語初級～初中級者向けの英文リーダーです。見開きごとのあらすじや、すべての単語の意味が載ったワードリストなど、初心者レベルでも負担なく、英文が読めるように構成されています。無料音声ダウンロード付きですので、文字と音声の両面で読書を楽しむことができます。

ステップ	使用語彙数	対象レベル	英検	CEFR
STEP 1	300語	中学1年生程度	5級	A1
STEP 2	600語	中学2年生程度	4級	A1
STEP 3	900語	中学3年生程度	3級	A2

●使い方●

- 本文以外のパートはすべてヘルプです。できるだけ本文に集中して読みましょう。
- 日本語の語順に訳して読むと速く読むことができません。文の頭から順番に、意味のかたまりごとに理解するようにしましょう。
- すべてを100パーセント理解しようとせず、ところどころ想像で補うようにして、ストーリーに集中する方が、楽に楽しく読めます。
- 黙読する、音読する、音声に合わせて読む、音声だけを聞くなど、いろいろな読み方をしてみましょう。

●無料音声ダウンロード●

本書の朗読音声（MP3形式）を、下記URLとQRコードから無料でダウンロードすることができます。

www.ibcpub.co.jp/step_ladder/0614/

※PCや端末、ソフトウェアの操作・再生方法については、編集部ではお答えできません。製造元にお問い合わせいただくか、インターネットで検索するなどして解決してください。

●構成●

トラック番号
朗読音声の番号です。

キーワード
使用語彙以外で使われている初出の単語、熟語のリストです。発音記号の読み方は次ページの表を参考にしてください。

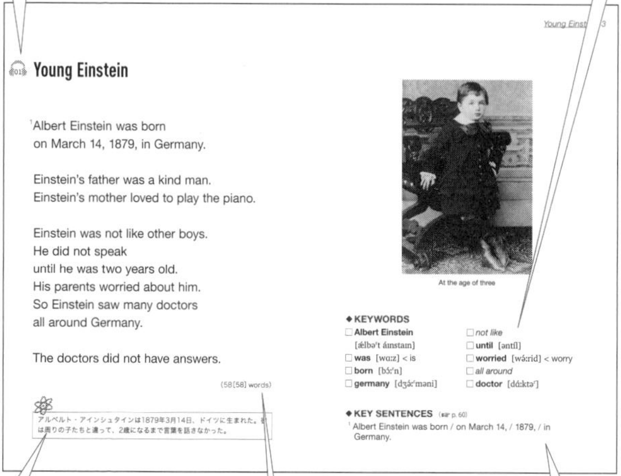

01 **Young Einstein**

[1]Albert Einstein was born
on March 14, 1879, in Germany.

Einstein's father was a kind man.
Einstein's mother loved to play the piano.

Einstein was not like other boys.
He did not speak
until he was two years old.
His parents worried about him.
So Einstein saw many doctors
all around Germany.

The doctors did not have answers.

(58[58] words)

アルベルト・アインシュタインは1879年3月14日、ドイツに生まれた。
は周りの子たちと違って、2歳になるまで言葉を話さなかった。

At the age of three

◆ **KEYWORDS**

□ **Albert Einstein** [ǽlbəˈt áınstaın]
□ **was** [wɑːz] < is
□ **born** [bɔ́ːˈn]
□ **germany** [dʒɔ́ːˈməni]
□ *not like*
□ **until** [əntíl]
□ **worried** [wɔ́ːrid] < worry
□ *all around*
□ **doctor** [dɑ́ːktəˈ]

◆ **KEY SENTENCES** (☞ p. 60)

[1] Albert Einstein was born / on March 14, / 1879, / in Germany.

あらすじ
本文のおおまかな内容がわかります。

語数表示
開いたページの単語数と、読んできた総単語数が確認できます。

キーセンテンス
長い文や難しい表現の文を、意味単位に区切って紹介しています。表示のページに訳があります。

キーワードについて

1. 語尾が規則変化する単語は原形、不規則変化語は本文で出てきた形を見出しにしています。

   例　studies/studying/studied → study
   　　goes/going → go
   　　went → went
   　　gone → gone

2. 熟語に含まれる所有格の人称代名詞(my, your, his/her, theirなど)は one's に、再帰代名詞(myself, yourselfなど)は oneself に置き換えています。

   例　do your best → do one's best
   　　enjoy myself → enjoy oneself

3. 熟語に含まれるbe動詞 (is, are, was, were)は原形のbeに置き換えています。

   例　was going to → be going to

発音記号表 

●母音●

/ɑ/	hot, lot
/ɑː/	arm, art, car, hard, march, park, father
/æ/	ask, bag, cat, dance, hand, man, thank
/aɪ/	ice, nice, rice, time, white, buy, eye, fly
/aɪə^{r}/	fire, tire
/aʊ/	brown, down, now, house, mouth, out
/aʊə^{r}/	flower, shower, tower, hour
/e/	bed, egg, friend, head, help, letter, pet, red
/eɪ/	cake, make, face, game, name, day, play
/eə^{r}/	care, chair, hair
/ɪ/	big, fish, give, listen, milk, pink, sing
/iː/	eat, read, speak, green, meet, week, people
/ɪə^{r}/	dear, ear, near, year
/oʊ/	cold, go, home, note, old, coat, know
/ɔː/	all, ball, call, talk, walk
/ɔː^{r}/	door, more, short
/ɔɪ/	boy, enjoy, toy
/ʊ/	book, cook, foot, good, look, put
/uː/	food, room, school, fruit, juice
/ʊə^{r}/	pure, sure
/əː^{r}/	bird, girl, third, learn, turn, work
/ʌ/	bus, club, jump, lunch, run, love, mother
/ə/	about, o'clock
/i/	easy, money, very

●子音●

/b/	bag, ball, bed, big, book, club, job
/d/	desk, dog, door, cold, food, friend
/f/	face, finger, fish, food, half, if, laugh
/g/	game, girl, go, good, big, dog, egg
/h/	hair, hand, happy, home, hot
/j/	yellow, yes, young
/k/	cake, cook, king, desk, look, milk, pink, talk
/l/	learn, leg, little, look, animal, girl, school
/m/	make, mother, movie, home, name, room, time
/n/	know, name, night, noon, pen, run, train
/p/	park, pencil, pet, pink, cap, help, jump, stop
/r/	read, red, rice, room, run, write
/s/	say, see, song, study, summer, bus, face, ice
/t/	talk, teacher, time, train, cat, foot, hat, night
/v/	very, video, visit, five, give, have, love, movie
/w/	walk, want, week, woman, work
/z/	zero, zoo, clothes, has, music, nose
/ʃ/	ship, short, English, fish, station
/ʒ/	measure, leisure, television
/ŋ/	king, long, sing, spring, English, drink, thank
/tʃ/	chair, cheap, catch, lunch, march, teacher, watch
/θ/	thank, think, thursday, birthday, month, mouth, tooth
/ð/	they, this, then, bathe, brother, father, mother
/dʒ/	Japan, jump, junior, bridge, change, enjoy, orange

「アインシュタインの生涯」

アルベルト・アインシュタインはドイツ出身の理論物理学者で、「相対性理論」を提唱したことで知られています。

アインシュタインは1879年ドイツ南部のウルム（バイエルン）市で、ユダヤ人の両親のもとに生まれました。2歳になっても言葉を発さず、10歳になるまで話すのが不得意だった少年は、この頃すでに「ピタゴラスの定理」の証明や『ユークリッド原論』を読むなど、数学の才能を発揮しています。

17歳のとき、スイス連邦工科大学に入学し、後の結婚相手となるミレーバ・マリッチと出会います。当時の女性としては珍しく、彼女は数学・物理学に秀でており、アインシュタインは論文を見てもらっていたといいます。

大学卒業後は、科学者としての就職先が見つからず、ミレーバとの結婚にも反対されるなど、苦しい時期が続きました。23歳でスイス特許庁に就職すると、申請書類の様々な発明理論や数式に触れながら、自身の物理学の研究に没頭します。その後ミレーバと結婚し、長男が生まれました。

1905年、「ブラウン運動の理論」や「特殊相対性理論」などに関連する4つの論文を発表し、アインシュタインにとって「奇跡の年」を迎えます。これらは物理学における革命的な発見でしたが、当初は理解されず、論文の出版もままならない状況でした。しかし、当時最高の物理学者の一人であったマックス・プランクの目に留まり、有名雑誌に論文が掲載されたことを機に、徐々に受け入れられていきます。この間も特許庁で働いていましたが、30歳でついに大学教授の職を得ました。翌年に次男も誕生します。

1913年、プランクの招聘に応じてベルリンに移住しますが、妻のミレーバと子供たちとは別居状態となります(のちに離婚)。1919年、「一般相対性理論」(1916年に発表)が実証されると、アインシュタインは一躍、世界的に有名な科学者となりました。世界各地で講演をしていた彼は、1922年に日本へ向かう船上でノーベル物理学賞受賞の報を受けました。

1932年にナチ政権下のドイツからアメリカへ亡命すると、7年後、ルーズベルト大統領宛に原爆開発をうながす書簡を送りました。しかし、原爆が日本にもたらした被害に衝撃を受け、核兵器廃絶を訴えます。これは彼の死後、「ラッセル＝アインシュタイン宣言」として発表され、1957年のパグウォッシュ会議へと繋がっていきました。

1955年に76歳で亡くなる最期まで、アインシュタインは研究者として生き続けました。彼の残した業績は、今日の科学に受け継がれています。

The Albert Einstein Story

アインシュタイン物語

Young Einstein

Albert Einstein was born
on March 14, 1879, in Germany.

Einstein's father was a kind man.
Einstein's mother loved to play the piano.

Einstein was not like other boys.
He did not speak
until he was two years old.
His parents worried about him.
So Einstein saw many doctors
all around Germany.

The doctors did not have answers.

(58[58] words)

アルベルト・アインシュタインは1879年3月14日、ドイツに生まれた。彼は周りの子たちと違って、2歳になるまで言葉を話さなかった。

At the age of three

◆KEYWORDS

- ☐ **Albert Einstein** [ǽlbə^{r}t áɪnstaɪn]
- ☐ **was** [wɑːz] < is
- ☐ **born** [bɔ́ː^{r}n]
- ☐ **Germany** [dʒə́ː^{r}məni]
- ☐ *not like*
- ☐ **until** [əntíl]
- ☐ **worried** [wə́ːrid] < worry
- ☐ *all around*
- ☐ **doctor** [dɑ́ːktə^r]

◆KEY SENTENCES (☞ p. 60)

1 Albert Einstein was born / on March 14, / 1879, / in Germany.

But Einstein started to speak well
when he was about 10 years old.
When Einstein was older,
he explained why he was late to speak.
He just did not think in words.

Einstein was different from other boys.
He did not like to play sports and games.
He liked to sit and think and dream.

[2]Einstein liked to make houses out of cards.
He made big houses with many stories!
He worked on them all day long.

アインシュタインは言葉でものを考えなかった。彼は座って思索にふけったり、トランプで家を作ったり、バイオリンを演奏するのが好きだった。

Einstein loved music.
He started to play the violin
when he was very young.
He loved Mozart.
He practiced playing Mozart's music
every day.

Music helped Einstein think.
3 Music always helped him find the answer
he was looking for.

(116[174] words)

◆KEYWORDS

- ☐ **word** [wə́ːʳd]
- ☐ **different** [dífərənt]
- ☐ **dream** [dríːm]
- ☐ *out of*
- ☐ **card** [kɑ́ːʳd]
- ☐ **made** [méɪd] < make
- ☐ *work on*
- ☐ *all day long*
- ☐ **music** [mjúːzɪk]
- ☐ **violin** [vaɪəlín]
- ☐ **Mozart** [móʊtsɑːʳt]
- ☐ **always** [ɔ́ːlwèɪz]
- ☐ *look for*

◆KEY SENTENCES (☞ p. 60)

[2] Einstein liked / to make houses / out of cards.

[3] Music / always / helped him / find the answer / he was looking for.

02 School Years

Many people today think that
Einstein was not a good student.
But this is not true!

Einstein was one of the best students
in school.
He loved math.
He often studied math books
in the summer,
when there was no school.
He read Euclid when he was 10 years old.

But young Einstein did not like
listening to other people.

アインシュタインは学校では優秀な生徒で、数学が大好きだった。しかし、人の話を聞くのが嫌いで、ときどき教師たちをひどく怒らせた。

Sometimes he made his teachers very angry.
Some of his teachers said he was lazy.
Some thought he was no good at all.

4 It was easy to make Einstein angry.
One time
he threw a chair at his violin teacher!

(100[274] words)

◆KEYWORDS

- ☐ **true** [trúː]
- ☐ **best** [bést] < good
- ☐ **math** [mǽθ]
- ☐ **Euclid** [júːklɪd]
- ☐ **angry** [ǽŋgri]
- ☐ **said** [séd] < say
- ☐ **lazy** [léɪzi]
- ☐ **thought** [θɔ́ːt] < think
- ☐ *no good at all*
- ☐ **easy** [íːzi]
- ☐ **threw** [θrúː] < throw

◆KEY SENTENCES (☞ p. 60)

4 It was easy / to make / Einstein angry.

When Einstein was 15, his family moved to Italy. But Einstein wanted to study at a school in Switzerland. In the fall of 1895, Einstein took a test to get into the school in Switzerland. But he only did well in math and physics. So he studied for one more year in a different school.

In 1896, Einstein took the test again. He did well! He got into the school. He was going to study to become math and physics teacher. But Einstein still did not like listening to his teachers.

(91 [365] words)

アインシュタインが15歳のとき、家族はイタリアへ引っ越した。彼はスイスの学校で勉強するために留まり、2度目の入学試験で合格した。

Einstein at 14

◆ KEYWORDS

- ☐ **Italy** [ítəli]
- ☐ **Switzerland** [swítsə^{r}lənd]
- ☐ **took** [tʊ́k] < take
- ☐ **test** [tést]
- ☐ *get into*
- ☐ **only** [óʊnli]
- ☐ **physics** [fízɪks]
- ☐ **more** [mɔ́ː^{r}] < much, many
- ☐ **again** [əgéɪn]
- ☐ **still** [stíl]

◆ KEY SENTENCES (☞ p. 60)

5 In the fall / of 1895, / Einstein took a test / to get into the school / in Switzerland.

Einstein in Love

Einstein was very popular with women
at school.
He often worked as a musician.
6 Women's clubs sometimes asked him
to play violin at parties.

Einstein met many women at these parties.
Women liked Einstein
because he was good looking.
And his violin playing was beautiful.
At one of these parties,
he met a woman named Mileva Maric.

アインシュタインは女性からとても人気があった。彼はあるパーティーで知り合った、ミレーバ・マリッチという女性と恋に落ちた。

Mileva was not like other women.
In those days,
women did not study math or physics
at a high level.
She was one of the only women in the
school.

Einstein fell in love with her.
He liked to talk to her about his ideas.
She often checked the math in his papers!

(110[475] words)

◆KEYWORDS

- ☐ **as** [əz]
- ☐ **musician** [mju:zíʃən]
- ☐ **parties** [pá:ʳtiz] < party
- ☐ **met** [mét] < meet
- ☐ **Mileva Maric** [mɪlí:va márɪk]
- ☐ *in those days*
- ☐ **level** [lévəl]
- ☐ **fell** [fél] < fall
- ☐ *fall in love with*
- ☐ **check** [tʃék]
- ☐ **paper** [péɪpəʳ]

◆KEY SENTENCES (☞ p. 60)

6 Women's clubs / sometimes / asked him / to play violin / at parties.

04 Hard Times

After finishing school in 1901,
Einstein had many different jobs.
It was hard to find good work.
He worked as a teacher.
He was not happy.
7 He came close to giving up his dream
of being a scientist.
He wrote letters to his family saying
he did not know what to do with his life.

Einstein's father asked his friends
to help his son find work.
But nobody in the world
had work for Einstein.

1901年に学校を卒業したアインシュタインは、職を転々としていた。彼は、科学者になるという夢を諦めそうになった。

Einstein's father died believing that
his son's life was a failure.

In 1902,
Einstein moved to Bern, Switzerland.
His friend got him a job as a clerk.

(102[577] words)

◆KEYWORDS

- ☐ **finish** [fínɪʃ]
- ☐ **job** [dʒɑ́:b]
- ☐ *come close to*
- ☐ *give up*
- ☐ **scientist** [sáɪəntɪst]
- ☐ **wrote** [róʊt] < write
- ☐ **life** [láɪf]
- ☐ **nobody** [nóʊbədi]
- ☐ **world** [wə́:ʳld]
- ☐ **died** [dáɪd] < die
- ☐ **believe** [bɪlí:v]
- ☐ **failure** [féɪljəʳ]
- ☐ **Bern** [bə́:ʳn]
- ☐ **clerk** [klə́:ʳk]

◆KEY SENTENCES (☞ p. 60)

7 He came close to / giving up / his dream / of being a scientist.

At around this time,
Einstein married Mileva.
Their families told them not get married.
But they did not listen.
They were in love.

In 1904 they had their first son,
Hans Albert.
Their second son, Eduard,
was born in 1910.
They did not have much money.
They lived in just two rooms.

Einstein worked six days a week.
But it was an easy job for him.
He had a lot of time to think.
What did he think about?
The universe, of course.

(83[660] words)

アインシュタインはミレーバと結婚し、二人の息子に恵まれた。しかし、暮らし向きが豊かではなかったため、一家4人は2部屋で暮らした。

With his wife Mileva Maric

◆ **KEYWORDS**

- ☐ **told** [tóʊld] < tell
- ☐ **married** [mérid] < marry
- ☐ *get married*
- ☐ **were** [wə́ːr]
- ☐ **Hans Albert** [hάːns ǽlbərt]
- ☐ **Eduard** [édwərd]
- ☐ **money** [mʌ́ni]
- ☐ **universe** [júːnəvə̀ːrs]
- ☐ *of course*

Einstein's Miracle Year

1905 is called Einstein's "miracle year."
He wrote four important papers
in this one year.
The first one answered, "What is light?"
8 He wrote that
light is made of something called photons.
Today, we use that idea in television.

Next, Einstein wrote about atoms.
At the time,
people did not know about atoms.

Next, he came up with the idea that $E=mc^2$.
This idea says that
energy and matter are the same.

(72[732] words)

1905年はアインシュタインにとって「奇跡の年」と呼ばれている。彼はこの1年で、4つの重要な論文を発表した。

EINE NEUE BESTIMMUNG
DER MOLEKÜLDIMENSIONEN

INAUGURAL-DISSERTATION
ZUR
ERLANGUNG DER PHILOSOPHISCHEN DOKTORWÜRDE
DER
HOHEN PHILOSOPISCHEN FAKULTÄT
(MATHEMATISCH-NATURWISSENSCHAFTLICHE SEKTION)
DER
UNIVERSITÄT ZÜRICH

VORGELEGT
VON
ALBERT EINSTEIN
AUS ZÜRICH

Begutachtet von den Herren Prof. Dr. A. KLEINER
und
Prof. Dr. H. BURKHARDT

BERN
BUCHDRUCKEREI K. J. WYSS
1905

Einstein wrote important papers

◆ KEYWORDS

- ☐ **miracle** [mírəkəl]
- ☐ **important** [ìmpɔ́ːʳtənt]
- ☐ **light** [láɪt]
- ☐ *be made of*
- ☐ **photon** [fóʊtàːn]
- ☐ **atom** [ǽtəm]
- ☐ *at the time*
- ☐ *come up with*
- ☐ **$E=mc^2$** [íː íːkwəlz émsíː skwéəʳd]
- ☐ **matter** [mǽtəʳ]
- ☐ **same** [séɪm]

◆ KEY SENTENCES (☞ p. 60)

8 He wrote that / light is / made of something / called photons.

Because of this,
energy can become matter
and matter can become energy.

Einstein's fourth paper
had the most important idea of all.
It was about relativity.

9 Einstein enjoyed thinking about
what it might be like to ride light.
It was just a dream he liked to think about.

One day,
Einstein was on a bus.
He looked back at a big clock behind him.
He imagined his bus going
as fast as the speed of light.

4つ目の論文は、最も重要な相対性理論に関するものだった。アインシュタインは、光に乗ったらどのようになるかという想像を楽しんでいた。

Then,
he had the idea that
the hands of the clock stopped moving!

Why did the hands stop?
Because at the speed of light,
10 Einstein is moving so fast that
the light from the clock
cannot catch up to him.
This was the start of
Einstein's idea of relativity.

(125[857] words)

◆KEYWORDS

- ☐ **energy** [énə^{r}dʒi]
- ☐ **most** [móʊst] < much, many
- ☐ **relativity** [rèlətívəti]
- ☐ **might** [máɪt]
- ☐ **ride** [ráɪd]
- ☐ *look back at*
- ☐ *as fast as*
- ☐ **imagine** [ìmǽdʒən]
- ☐ **speed** [spí:d]
- ☐ **clock** [klɑ́:k]
- ☐ *the hands of a clock*
- ☐ *catch up to*

◆KEY SENTENCES (☞ p. 60)

9 Einstein enjoyed / thinking about / what it might be like / to ride light.

10 Einstein is moving / so fast / that / the light / from the clock / cannot catch up / to him.

Einstein and Planck

11 It was hard for Einstein
to get his papers published.
People thought his ideas were crazy!
They were all new ideas to science
in those days.

Einstein tried again and again
to get his papers published.
Everyone said no.
He worried that
no one was going to believe him.

アインシュタインが論文を発表するのは困難だった。人々は彼の考えが正気ではないと思い、決して彼の論文を掲載しようとはしなかった。

But one day,
a man named Max Planck
read Einstein's papers.

(60[917] words)

◆ KEYWORDS

□ **publish** [pʌ́blɪʃ]	□ **tried** [tráɪd] < try
□ *get published*	□ *no one*
□ **crazy** [kréɪzi]	□ **Max Planck** [mǽks plǽŋk]

◆ KEY SENTENCES (☞ p. 60)

[11] It was hard / for Einstein / to get his papers / published.

He was the greatest physicist in Europe.
Planck knew that
Einstein's ideas were important.
He helped Einstein.
In June 1905,
Einstein's paper on relativity was published
in a famous journal.

(30[947] words)

マックス・プランクはヨーロッパ最高の物理学者で、アインシュタインの考えは重要なものであると確信していた。

Max Planck

◆ **KEYWORDS**

- ☐ **physicist** [fízɪsɪst]
- ☐ **Europe** [jʊ́ərəp]
- ☐ **knew** [njúː] < know
- ☐ **journal** [dʒə́ːrnəl]

07 General Relativity

In 1907,
Einstein was asked to write
a new paper on relativity.
He started thinking about relativity again.
But he saw that there was a problem.
Einstein's idea was called
"special relativity."
It was only about things
that moved at the same speed.
So it only worked in a few situations.

For Einstein, this was not enough.
When things speed up,
you cannot use the idea of
special relativity.

1907年、アインシュタインは相対性理論の新しい論文を執筆するよう求められた。再び考え始めると、彼はそこである問題に気づいた。

This is a problem
because many things in our world
speed up.

12 Einstein wanted an idea
that was not just for "special" situations.
He also wanted a "general" idea
of relativity.
To do this,
he had to explain gravity.
But no one knew how gravity worked.

(115[1,062] words)

◆KEYWORDS

- ☐ **general** [dʒénərəl]
- ☐ *general relativity*
- ☐ **problem** [prɑ́ːbləm]
- ☐ *special relativity*
- ☐ **special** [spéʃəl]
- ☐ **few** [fjúː]
- ☐ **situation** [sìtʃuːéɪʃən]
- ☐ **enough** [ɪnʌ́f]
- ☐ **thing** [θíŋ]
- ☐ **also** [ɔ́ːlsoʊ]
- ☐ **explain** [ɪkspléɪn]
- ☐ **gravity** [grǽvɪti]

◆KEY SENTENCES (☞ p. 60)

12 Einstein wanted an idea / that was not / just for / "special" situations.

Isaac Newton was the most important man
in science before Einstein.
He had many ideas about physics.
13 Now,
250 years
after Newton saw his famous apple fall,
Einstein was going to change
how everyone thought about gravity.

When Newton saw the apple fall,
he thought it was because
the earth pulled it down.
14 The problem with that idea is that
in physics, things are not ‘pulled.’
They are always ‘pushed.’

(70[1,132] words)

アインシュタイン以前、科学史で最も重要な人物はニュートンだった。それから250年、彼は人々の重力に対する見方を変えようとしていた。

Sir Isaac Newton

◆ KEYWORDS

☐ **Isaac Newton** [áɪzək núːtən]
☐ **change** [tʃéɪndʒ]
☐ **pull** [pʊ́l]
☐ *pull down*
☐ **push** [pʊ́ʃ]

◆ KEY SENTENCES (☞ p. 60–61)

13 Now, / 250 years / after Newton saw / his famous apple fall, / Einstein was going to change / how everyone thought / about gravity.

14 The problem / with that idea / is that / in physics, / things are not / 'pulled.'

Even Newton knew that there was a problem with his idea. Einstein tried to answer the question: What ‘pushes’ the apple to the earth?

Everyone told Einstein that the question was too hard. Even Max Planck told him to think about a different question.

Einstein had no one to help him. There were no books to look for ideas in. So Einstein used his favorite way to answer the question: he imagined.

One day at work, Einstein looked out the window. He saw a man working on a roof.

アインシュタインはニュートンが解明できなかった、何がリンゴを「押して」いるのか？という問題に挑戦した。しかし、助けてくれる人は誰もいなかった。

Einstein thought,
"What if he falls?"

16 First,
Einstein had the idea that
the man will not feel his weight,
like falling in a very tall elevator
going down.

(117 [1,249] words)

◆ **KEYWORDS**

- ☐ **question** [kwéstʃən]
- ☐ **earth** [ə́:ʳθ]
- ☐ **even** [í:vɪn]
- ☐ *look out*
- ☐ **roof** [rú:f]
- ☐ **if** [ɪf]
- ☐ *what if*
- ☐ **fall** [fɔ́:l]
- ☐ **will** [wíl]
- ☐ **weight** [wéɪt]
- ☐ **tall** [tɔ́:l]
- ☐ **elevator** [éləvèɪtəʳ]
- ☐ *go down*

◆ **KEY SENTENCES** (☞ p. 61)

15 There were no books / to look for / ideas in.

16 First, / Einstein had the idea / that / the man will not feel his weight, / like falling / in a very tall elevator / going down.

The man will float in the elevator.
He will not feel that he is falling.
17 So, when the man falls because of gravity,
it is the same as floating in space
where there is no gravity.

Einstein realized that if you can say
the man is moving toward the earth,
you can also say that
the earth is moving toward him!

Einstein used math to show that
gravity was caused
by how matter, motion, and energy mixed.
18 Einstein knew from special relativity that
speeding up can change the way
time is measured.

アインシュタインは人が地面に向けて動くということは、地面が人に向かって動くとも言えると気づいた。彼は数学を用いてこれを表そうとした。

He also knew that
gravity is the same as speeding up.
So gravity also affects
how time and space is measured!
Gravity can make time move slowly,
and it can also change space.

(125[1,374] words)

◆KEYWORDS

- □ **float** [flóʊt]
- □ **feel** [fí:l]
- □ **space** [spéɪs]
- □ **realize** [rí:əlàɪz]
- □ **toward** [təwɔ́:ʳd]
- □ **show** [ʃóʊ]
- □ **cause** [kɔ́:z]
- □ **motion** [móʊʃən]
- □ **mix** [míks]
- □ **affect** [əfékt]
- □ **measure** [méʒəʳ]
- □ **slowly** [slóʊli]

◆KEY SENTENCES (☞ p. 61)

17 So, / when the man falls / because of gravity, / it is the same / as floating in space / where there is no gravity.

18 Einstein knew / from special relativity / that / speeding up / can change the way / time is measured.

08 Proving His Theory

Einstein wanted a way to show
his theory was right.
In 1911,
he had an idea.
Einstein said that
light always moves straight,
but space is curved.
19 He wanted to show how gravity can make
light look curved in space.
His idea was to take pictures of an eclipse.
The pictures might show that
sometimes light looks curved.

アインシュタインには彼の理論が正しいと証明する方法が必要だった。
1911年、彼は光は常に直進するが、空間は曲がっていると言った。

20 Because the sun is so big,
its gravity makes light coming from behind
it look curved.

(74[1,448] words)

◆ **KEYWORDS**

- ☐ **prove** [prúːv]
- ☐ **theory** [θíːəri]
- ☐ **straight** [stréɪt]
- ☐ **curved** [kə́ːʳvd]
- ☐ *take a picture of*
- ☐ **eclipse** [ɪklíps]
- ☐ *come from behind*

◆ **KEY SENTENCES** (☞ p. 61)

19 He wanted to show / how gravity / can make light / look curved / in space.

20 Because / the sun is so big, / its gravity / makes light / coming from behind it / look curved.

In 1912,
Einstein wrote a new paper.
He asked astronomers to do
his experiment for him.
But no one tried it.
Many astronomers were too busy.
Some did not believe him.

One day,
a man named Erwin Finlay Freundlich said
he wanted to help.

Freundlich was very young.
He wanted to work on something important.
21 Einstein and Freundlich knew that
the next eclipse was going to be in Russia
in 1914.

1912年、アインシュタインは新しい論文を書いた。彼は天文学者たちに実験への協力を要請したが、誰も試みる者はいなかった。

Freundlich wrote to Wallace Campbell, an American, for help.

Campbell said yes.
[22]The three men knew their experiment might change everything about physics.

(94[1,542] words)

◆KEYWORDS

- ☐ **astronomer** [əstrɑ́nəməʳ]
- ☐ **experiment** [ɪkspérəmənt]
- ☐ **busy** [bízi]
- ☐ **Erwin Finlay Freundlich** [ə́:ʳwìn fínli frɔ́ɪndlɪk]
- ☐ **Russia** [rʌ́ʃə]
- ☐ **Wallace Campbell** [wɔ́:ləs kǽmbəl]
- ☐ **American** [əmérɪkən]

◆KEY SENTENCES (☞ p. 61)

[21]Einstein and Freundlich knew / that / the next eclipse / was going to be / in Russia / in 1914.

[22]The three men knew / their experiment / might change everything / about physics.

Berlin

23 Einstein was waiting
for the great experiment
when Max Planck asked him
to come to Berlin.
The Kaiser wanted the best scientists
to live there.

24 This was a great chance for Einstein.
He was invited to work
at a famous university
and to become a member
of the famous Prussian Academy.
He was welcome to work on his ideas
all the time.

アインシュタインが偉大な実験を待ちわびている間に、マックス・プランクは彼にベルリンに来ないかと誘った。これは大きなチャンスだった。

Einstein went to Germany in April 1914.
He moved his family there
and started his new job at the university.
All the best scientists in Europe
were there.

(90[1,632] words)

◆ **KEYWORDS**

- ☐ **Berlin** [bəʳlín]
- ☐ **wait** [wéɪt]
- ☐ **Kaiser** [káɪzəʳ]
- ☐ **chance** [tʃǽns]
- ☐ **invite** [ìnváɪt]
- ☐ **Prussian Academy** [prʌ́ʃən əkǽdəmi]
- ☐ **academy** [əkǽdəmi]
- ☐ **welcome** [wélkəm]
- ☐ **university** [jù:nəvə́:ʳsəti]

◆ **KEY SENTENCES** (☞ p. 61–62)

[23]Einstein was waiting for / the great experiment / when Max Planck asked him / to come to Berlin.

[24]He was invited / to work / at a famous university / and / to become a member / of the famous Prussian Academy.

Einstein's work was going well, but his family life was not. Mileva did not like Berlin. They started to fight.

Einstein liked being with his cousin named Elsa. He often talked about how much he liked her. This made Mileva very angry.

Einstein and Mileva wanted to get a divorce. But Einstein had no money to give Mileva to support the children. He promised to give her all the prize money if he won the Nobel Prize.

アインシュタインの研究はうまくいっていたが、家族との生活はそうではなかった。彼は離婚し、ミレーバと子供たちは家を出て行った。

She said yes,
and she moved out of the house.
Einstein took Mileva and the children
to the train station to say goodbye.
Now he had no family.
He was very sad.

(109[1,741] words)

◆KEYWORDS

- ☐ **fight** [fáɪt]
- ☐ **Elsa** [élsə]
- ☐ **divorce** [dɪvɔ́ːʳs]
- ☐ *get a divorce*
- ☐ **support** [səpɔ́ːʳt]
- ☐ **children** [tʃíldrən] < child
- ☐ **promise** [prɑ́ːməs]
- ☐ **prize** [práɪz]
- ☐ **won** [wʌ́n] < win
- ☐ **Nobel Prize** [noʊbél práɪz]
- ☐ *move out of*
- ☐ **sad** [sǽd]

◆KEY SENTENCES (☞ p. 62)

25 He promised to give her / all the prize money / if he won the Nobel Prize.

10 World War I

For Einstein to get the Nobel Prize,
the eclipse experiment had to go well.
Freundlich and Campbell went to Russia,
but it was bad timing.
World War I started on August 1.
Germany and Russia started to fight.
In Russia,
some soldiers saw Freundlich
with his telescope.
They arrested him!

Campbell also had bad luck.
On the day of the eclipse,
the sky was grey.

アインシュタインがノーベル賞を取るためには、日食の実験が成功しなくてはならなかった。そんな折、8月1日に第一次世界大戦が始まった。

He did not see anything.
The soldiers took his telescope too.
He had to leave Russia.
The experiment was a failure.

Einstein only wanted peace.
But many of his friends and other scientists did not want peace.
They wanted to use science for war.
Einstein did not agree with this.

(115[1,856] words)

◆**KEYWORDS**

- ☐ **war** [wɔ́ːʳ]
- ☐ **World War I** [wə́ːʳld wɔ́ːʳ wʌ́n]
- ☐ *go well*
- ☐ **soldier** [sóʊldʒəʳ]
- ☐ **arrest** [ərést]
- ☐ **bad** [bǽd]
- ☐ **luck** [lʌ́k]
- ☐ **sky** [skáɪ]
- ☐ **anything** [éniθìŋ]
- ☐ **telescope** [téləskòʊp]
- ☐ **peace** [píːs]
- ☐ **agree** [əgríː]

In 1915,
Einstein was asked
to talk about general relativity
at the Prussian Academy.
But Einstein saw
there were mistakes in his math!
He worked on his math night and day.

Another scientist,
David Hilbert, was also working on
the theory of relativity.
Einstein worried that
Hilbert might find the answer before him.

One day,
Einstein looked at an old equation.
He did not think it was right.

1915年、アインシュタインは一般相対性理論に関する講義をしてほしいと頼まれた。計算に間違いを見つけた彼は、昼も夜も取り組んだ。

26 But he had the idea to use the equation
on how Mercury moves around the sun.
Mercury has a strange orbit
that cannot be explained by gravity.
He saw that
his math worked for this old problem.
His theory was right!

Einstein and Hilbert found the answer
at about the same time.
But Hilbert said Einstein was the winner.

(127[1,983] words)

◆KEYWORDS

- ☐ **mistake** [mɪstéɪk]
- ☐ *night and day*
- ☐ **another** [ənʌ́ðəʳ]
- ☐ **David Hilbert** [déɪvɪd hílbəʳt]
- ☐ **equation** [ɪkwéɪʒən]
- ☐ **Mercury** [mə́ːʳkjəri]
- ☐ **strange** [stréɪndʒ]
- ☐ **orbit** [ɔ́ːʳbət]
- ☐ *work for*
- ☐ **found** [fáʊnd] < find
- ☐ **winner** [wínəʳ]

◆KEY SENTENCES (☞ p. 62)

26 But / he had the idea / to use the equation / on / how Mercury moves / around the sun.

Now Einstein knew he was right.
27 But he still needed an eclipse to show it.

Einstein became sick in 1917.
His cousin Elsa came to take care of him.
For three years,
Einstein had bad health.
But he and Elsa fell in love.
They were married in 1919.
She had two children already.
The four of them became a family.

Elsa was very different from Mileva.
She was not interested in science at all!
But she knew French and English well.
She was a good translator for Einstein.
She loved to cook and clean for him.

(96[2,079] words)

アインシュタインは自分の正しさを確信していたが、日食による証明がまだ必要だった。病気がちの彼を支えたのは、いとこのエルザだった。

With his second wife Elsa

◆KEYWORDS

- ☐ **need** [níːd]
- ☐ **became** [bɪkéɪm] < become
- ☐ **sick** [sík]
- ☐ **care** [kéə^{r}]
- ☐ *take care of*
- ☐ **health** [hélθ]
- ☐ **already** [ɔːlrédi]
- ☐ **interested** [íntərèstɪd]
- ☐ **French** [fréntʃ]
- ☐ **translator** [trænzléɪtə^{r}]

◆KEY SENTENCES (☞ p. 62)

27 But / he still needed an eclipse / to show it.

11 Einstein and Eddington

At this time,
there was an astronomer in England
named Arthur Eddington.
Like Einstein, he did not believe in war.
The war made it hard for scientists
to work together.
But Eddington read Einstein's theory
of general relativity.
He knew he had to work on it.
He also wanted to show that
scientists can work together,
even in war.

The next eclipse came in June 1918.
Eddington took pictures of it.

(71 [2,150] words)

当時、英国にアーサー・エディントンという天文学者がいた。彼はアインシュタインの一般相対性理論を読み、研究するべきだと考えていた。

Eddington's 1919 eclipse photograph

◆ **KEYWORDS**

☐ **England** [íŋglənd]

☐ **Arthur Eddington** [ɑ́ːrθər édɪŋtən]

☐ *believe in*

☐ **together** [təgéðər]

In 1919,
Eddington told the Royal Society that
Einstein was right!
This made Einstein famous
around the world.
Until then,
only scientists knew his name.

In 1922,
another eclipse in Australia showed that
Einstein was right.

In 1922,
Einstein won the Nobel Prize.
He gave the money to Mileva.
Now Einstein was the greatest scientist
in the world.

(58[2,208] words)

1919年、エディントンは王立協会でアインシュタインの正しさを明らかにした。科学者にしか知られていなかった彼は、世界で有名になった。

Einstein in 1921

◆ **KEYWORDS**

- ☐ **Royal Society** [rɔ́ɪəl soʊsáɪɪti]
- ☐ **royal** [rɔ́ɪəl]
- ☐ **society** [soʊsáɪɪti]
- ☐ *until then*
- ☐ **Australia** [ɔːstréɪljə]
- ☐ **gave** [géɪv] < give

Other famous scientists started to use
Einstein's ideas.
28 Alexander Friedmann used
the theory of relativity
to come up with the "big bang theory."
In 1929, the astronomer Edwin Hubble
showed that the universe is getting bigger.

Einstein also became famous
for how he looked.
People liked his crazy hair
and his old clothes.

In the 1920s,
Einstein worked for world peace.
He joined the international committees
for peace.
He also tried to stop the Nazis.

(75[2,283] words)

他の科学者たちは、アインシュタインの理論を研究に用いるようになった。
また、彼はその個性的な髪型やくたびれた服装でも有名になった。

The International Committee on Intellectual Cooperation

◆ KEYWORDS

- ☐ **Alexander Friedmann** [æ̀lɪgzǽndəʳ fríːdmən]
- ☐ **bang** [bǽŋ]
- ☐ *big bang theory*
- ☐ **Edwin Hubble** [édwɪn hʌ́bəl]
- ☐ *get bigger*
- ☐ **join** [dʒɔ́ɪn]
- ☐ **international** [ìntəʳnǽʃənɑːl]
- ☐ **committee** [kəmíti]
- ☐ **Nazis** [nɑ́ːtsiz]
- ☐ **intellectual** [ìntəléktʃuəl]
- ☐ **cooperation** [koʊɑpəréiʃən]

◆ KEY SENTENCES (☞ p. 62)

28 Alexander Friedmann used the theory / of relativity / to come up with / the "big bang theory."

The Nazis

In 1932,
Einstein and Elsa went to America.
Then the Nazis took over Germany.
The Nazis hated Einstein
because he was Jewish.
They wanted someone to kill him.

Einstein decided to live in America.
In 1935,
he started to work at Princeton University.
But the next year,
Elsa died.
One of Elsa's daughters came
to live with him in Princeton.

1932年、アインシュタインはエルザと共にアメリカへ渡った。ドイツ政権を掌握したナチスは、ユダヤ人である彼を憎み、殺そうとしていた。

Next,
Einstein started working
on a "unified" theory.
29 It was one theory to explain
how everything in the universe worked.
It was his greatest dream.
But he also worried about Germany.
He told the American president
to make the atom bomb to stop the Nazis.

(105[2,388] words)

◆ **KEYWORDS**

- ☐ **America** [əmérɪkə]
- ☐ *take over*
- ☐ **hate** [héɪt]
- ☐ **Jewish** [dʒúːɪʃ]
- ☐ **kill** [kíl]
- ☐ **decide** [dìsáɪd]
- ☐ **Princeton University** [prínstən jùːnəvə́ːʳsəti]
- ☐ **unified** [júːnəfàɪd]
- ☐ *unified theory*
- ☐ **president** [prézɪdənt]
- ☐ **bomb** [báːm]
- ☐ *atom bomb*

◆ **KEY SENTENCES** (☞ p. 62)

29 It was one theory / to explain / how everything in the universe / worked.

13 Einstein's Last Days

The war ended in 1945.
Einstein was happy,
but he was also sad.
He heard about how many people died
because of the atom bomb.
Einstein became very afraid of
nuclear weapons.
He watched America and Russia
make more of them.
So he told others
about the dangers of nuclear war.

1945年に終戦を迎え、アインシュタインはあまりに多くの人を殺した核兵器を恐れるようになった。彼は社会を良くしたいと望んでいた。

Einstein also wanted to make society better. He supported black rights. He asked America and England to make a country for Jewish people in Israel. In 1952, Israel asked Einstein to be its first president! He said no, but many people wanted him to do it.

(97 [2,485] words)

◆KEYWORDS

- ☐ **end** [énd]
- ☐ **heard** [hə́ːʳd] < hear
- ☐ **afraid** [əfréɪd]
- ☐ *become afraid of*
- ☐ **nuclear** [núːkliəʳ]
- ☐ **weapon** [wépən]
- ☐ **danger** [déɪndʒəʳ]
- ☐ **better** [bétəʳ] < well
- ☐ **support** [səpɔ́ːʳt]
- ☐ *black rights*
- ☐ **country** [kʌ́ntri]
- ☐ **Israel** [ízreɪl]

◆KEY SENTENCES (☞ p. 62)

30 He asked America and England / to make a country / for Jewish people / in Israel.

14 Einstein Dies

By 1955,
Einstein knew he was going to die soon.
He had a bad heart.
On April 13, 1955,
Einstein had to go to the hospital.

Even in the hospital,
Einstein just wanted to work.
He knew that he did not have much time.
He only wanted to finish his unified theory.

[31]Einstein worked as his body became weaker.

(59[2,544] words)

1955年になると、アインシュタインは死期が近いことを悟った。入院した後でさえも、彼は体が弱っていく中でひたすら研究を続けた。

In his study near the end of his life

◆ KEYWORDS

☐ **die** [dáɪ]
☐ **hospital** [hɑ́:spìtəl]
☐ **heart** [hɑ́:ʳt]
☐ **weak** [wí:k]

◆ KEY SENTENCES (☞ p. 62)

31 Einstein worked / as his body / became weaker.

A little after 1 in the morning
on April 18, 1955,
Einstein died.
He did not finish his unified theory.

Since Einstein died,
he has only become
more famous and important.
Today,
Einstein is everywhere.
He is in books, in movies, and on T-shirts.
32 But most of all,
he is in our science and the things
we use every day.

(60[2,604] words)

1955年4月18日の午前1時過ぎ、アインシュタインは息を引き取った。今日、彼は科学や私たちが日々使うものの中に存在している。

◆ KEYWORDS

☐ **since** [síns]
☐ **everywhere** [évriːwèər]
☐ **T-shirt** [tíːʃə̀ːrt]
☐ *most of all*

◆ KEY SENTENCES (☞ p. 62)

[32] But most of all, / he is in our science / and the things / we use every day.

〈KEY SENTENCES の訳〉

1. Albert Einstein was born on March 14, 1879, in Germany.
   アルベルト・アインシュタインは1879年3月14日、ドイツに生まれた。
2. Einstein liked to make houses out of cards.
   アインシュタインはトランプで家を作るのが好きだった。
3. Music always helped him find the answer he was looking for.
   音楽は、彼が探し求めている答えを見つけ出すのをいつも助けていた。
4. It was easy to make Einstein angry.
   アインシュタインは怒りやすい性格だった。
5. In the fall of 1895, Einstein took a test to get into the school in Switzerland.
   1895年の秋、アインシュタインはスイスの学校の入学試験を受けた。
6. Women's clubs sometimes asked him to play violin at parties.
   女の子たちの同好会はときどき、彼にパーティーでバイオリンを演奏するように頼んだ。
7. He came close to giving up his dream of being a scientist.
   彼は科学者になるという夢を諦めそうになった。
8. He wrote that light is made of something called photons.
   彼は、光は光子と呼ばれるものからできていると書いた。
9. Einstein enjoyed thinking about what it might be like to ride light.
   アインシュタインは、光に乗ったらどのようになるだろうかという想像を楽しんでいた。
10. Einstein is moving so fast that the light from the clock cannot catch up to him.
    アインシュタインは時計からの光が追いつけないほど速く移動している。
11. It was hard for Einstein to get his papers published.
    アインシュタインが論文を発表するのは困難だった。
12. Einstein wanted an idea that was not just for "special" situations.
    アインシュタインは「特殊」な状況だけにとどまらない発想を求めていた。
13. Now, 250 years after Newton saw his famous apple fall, Einstein was going to change how everyone thought about gravity.
    今や、ニュートンがかの有名なリンゴの落下を見てから250年のときが経ち、アインシュタインは重力に対する人々の考え方を変えようとしていた。

14. The problem with that idea is that in physics, things are not 'pulled.'
その考え方にある問題は、物理学において、物体は「引っ張られる」ことはない、ということだ。

15. There were no books to look for ideas in.
発想を探し求められるような本もなかった。

16. First, Einstein had the idea that the man will not feel his weight, like falling in a very tall elevator going down.
まず、アインシュタインは、とても高い位置にあるエレベーターで降下するときのように、その男性は自分の体重を感じないのではないかと考えた。

17. So, when the man falls because of gravity, it is the same as floating in space where there is no gravity.
つまり、重力によって落ちている人は、無重力の宇宙空間で浮いているのと同じ状態なのである。

18. Einstein knew from special relativity that speeding up can change the way time is measured.
アインシュタインは特殊相対性理論から、加速によって時間の測定方法が変化することを知っていた。

19. He wanted to show how gravity can make light look curved in space.
彼は重力が光を空間で湾曲させる方法を明らかにしたいと思った。

20. Because the sun is so big, its gravity makes light coming from behind it look curved.
太陽は非常に大きいため、その重力によって後方からの光が湾曲して見えるだろう。

21. Einstein and Freundlich knew that the next eclipse was going to be in Russia in 1914.
アインシュタインとフロイントリッヒは、1914年にロシアで次の日食が観測できることを知っていた。

22. The three men knew their experiment might change everything about physics.
3人の男たちは、彼らの実験が物理学にまつわる全てを変えるかもしれないと考えていた。

23. Einstein was waiting for the great experiment when Max Planck asked him to come to Berlin.
アインシュタインが偉大な実験を待ちわびているさなかに、マックス・プランクは彼にベルリンに来ないかと誘った。

24. He was invited to work at a famous university and to become a member of the famous Prussian Academy.
彼は有名大学での研究と、有名なプロイセン・アカデミーの会員になることを勧められた。

25. He promised to give her all the prize money if he won the Nobel Prize.
彼はもしノーベル賞を取ったら、すべての賞金を彼女に与えることを約束した。

26. But he had the idea to use the equation on how Mercury moves around the sun.
しかし、彼はその方程式を水星が太陽を公転する軌道に当てはめることを思いついた。

27. But he still needed an eclipse to show it.
しかし、彼には日食による証明がまだ必要だった。

28. Alexander Friedmann used the theory of relativity to come up with the "big bang theory."
アレクサンドル・フリードマンは相対性理論を使って、「ビッグバン理論」を思いついた。

29. It was one theory to explain how everything in the universe worked.
それは、宇宙のあらゆるものがどのように機能しているかを説明する一つの理論だった。

30. He asked America and England to make a country for Jewish people in Israel.
彼はアメリカとイギリスに、ユダヤ人の国家をイスラエルに建国することを求めた。

31. Einstein worked as his body became weaker.
アインシュタインは体が弱っていく中でも働き続けた。

32. But most of all, he is in our science and the things we use every day.
しかし何より、私たちが知っている科学や私たちが日々使うものの中に彼はいるのだ。

Word List

・語形が規則変化する語の見出しは原形で示しています。不規則変化語は本文中で使われている形になっています。

・一般的な意味を紹介していますので、一部の語で本文で実際に使われている品詞や意味と合っていないことがあります。

・品詞は以下のように示しています。

名 名詞	代 代名詞	形 形容詞	副 副詞	動 動詞	助 助動詞
前 前置詞	接 接続詞	間 間投詞	冠 冠詞	略 略語	俗 俗語
熟 熟語	頭 接頭語	尾 接尾語	記 記号	関 関係代名詞	

A

□ **a** 冠 ①1つの, 1人の, ある ②～につき

□ **about** 副 ①およそ, 約 ②まわりに, あたりを 前 ①～について ②～のまわりに[の] **hear about** ～について聞く **worry about** ～のことを心配する

□ **academy** 名 ①アカデミー, 学士院 ②学園, 学院

□ **affect** 動 影響する

□ **afraid** 形 ①心配して ②恐れて, こわがって **become afraid of** ～を恐れるようになる

□ **after** 前 ～の後に[で], ～の次に 副 後に[で] 接 (～した)後に[で]

□ **again** 副 再び, もう一度 **again and again** 何度も繰り返して

□ **agree** 動 同意する **agree with** 〔意見・計画など〕に同意する

□ **Albert Einstein** アルベルト・アインシュタイン《ドイツ生まれのユダヤ人理論物理学者, 1879–1955》

□ **Alexander Friedmann** アレクサンドル・フリードマン《ソ連の宇宙物理学者, 1922年に一般相対性理論の場の方程式に従う膨張宇宙のモデルをフリードマン方程式の解として定式化したことで知られる。1888–1925》

□ **all** 形 すべての, ～中 **all around** 辺り一帯[一面]に, 至る所に, 四方(八方)に **all day long** 一日中, 終日 **all the time** ずっと, いつも, その間ずっと **most of all** とりわけ, 中でも 代 全部, すべて(のもの[人]) **no good at all**《be –》～が全く[てんで・からきし]駄目[へた・不得意]である **not ~ at all** 少しも[全然]～ない 名 全体 副 まったく, すっかり

□ **already** 副 すでに, もう

□ **also** 副 ～も(また), ～も同様に 接 その上, さらに

□ **always** 副 いつも, 常に

A B C D E F G H I J K L M N O P Q R S T U V W X Y Z

□ **America** 名アメリカ《国名・大陸》

□ **American** 形アメリカ(人)の 名アメリカ人

□ **an** 冠①1つの，1人の，ある ②～につき

□ **and** 接①そして，～と… ②《同じ語を結んで》ますます ③《結果を表して》それで，だから

□ **angry** 形怒って，腹を立てて

□ **another** 形①もう1つ[1人]の ②別の

□ **answer** 動答える，応じる 名答え，応答，返事

□ **anything** 代①《疑問文で》何か，どれでも ②《否定文で》何も，どれも(～ない) ③《肯定文で》何でも，どれでも

□ **apple** 名リンゴ

□ **April** 名4月

□ **are** 動～である，(～に)いる[ある]《主語がyou, we, theyまたは複数名詞のときのbeの現在形》

□ **around** 副①まわりに，あちこちに ②およそ，約 **all around** 辺り一帯[一面]に，至る所に，四方(八方)に **move around** ～の周りを移動する 前～のまわりに，～のあちこちに

□ **arrest** 動逮捕する 名逮捕

□ **Arthur Eddington** アーサー・エディントン《イギリスの天文学者，相対性理論に関する業績で知られる。アインシュタインの一般相対性理論を英語圏に紹介した。1882–1944》

□ **as** 接①《as ～ as …の形で》…と同じくらい～ ②～のとおりに，～のように ③～しながら，～しているときに ④～するにつれて，～にしたがって ⑤～なので ⑥～だけれども ⑦～する限りでは **as fast as** ～と同じ速さで 前①～として(の) ②～の時 副同じくらい 代①～のような ②～だが

□ **ask** 動①尋ねる，聞く ②頼む，求める

□ **astronomer** 名天文学者

□ **at** 前①《場所・時》～に[で] ②《目標・方向》～に[を]，～に向かって ③《原因・理由》～を見て[聞いて・知って] ④～に従事して，～の状態で

□ **atom** 名原子

□ **atom bomb** 原子爆弾

□ **August** 名8月

□ **Australia** 名オーストラリア《国名》

B

□ **back** 名①背中 ②裏，後ろ 副①戻って ②後ろへ[に] **look back at** ～に視線を戻す，～を振り返って見る

□ **bad** 形①悪い，へたな，まずい ②気の毒な ③(程度が)ひどい，激しい **bad luck** 災難，不運，悪運

□ **bang** 名衝撃音，銃声，バン[ドスン・バタン]という音 動ドスンと鳴る，強く打つ

□ **be** 動～である，(～に)いる[ある]，～となる 助①《現在分詞とともに用いて》～している ②《過去分詞

とともに用いて》～される，～されている

□ **beautiful** 形美しい，すばらしい

□ **became** 動 become（なる）の過去

□ **because** 接（なぜなら）～だから，～という理由［原因］で **because of** ～のために，～の理由で

□ **become** 動①（～に）なる ②（～に）似合う ③becomeの過去分詞 **become afraid of** ～を恐れるようになる

□ **before** 前 ～の前に［で］，～より以前に 接 ～する前に 副以前に

□ **behind** 前 ～の後ろに，～の背後に 副後ろに，背後に **come from behind** 後ろからやって来る

□ **being** 動 be（～である）の現在分詞 名存在，生命，人間

□ **believe** 動信じる，信じている，（～と）思う，考える **believe in** ～を信じる

□ **Berlin** 名ベルリン《ドイツ連邦共和国の首都》

□ **Bern** 名ベルン《スイス連邦の首都》

□ **best** 形最もよい，最大［多］の

□ **better** 形 ①よりよい ②（人が）回復して 副 ①よりよく，より上手に ②むしろ

□ **big** 形 ①大きい ②偉い，重要な **get bigger** さらに大きくなる

□ **big bang theory** 《the -》ビッグバン宇宙論，宇宙爆発起源論

□ **black** 形黒い，有色の，黒人の 名黒，黒色，黒人

□ **black rights** アフリカ系アメリカ人の権利・人権

□ **body** 名体

□ **bomb** 名爆弾，爆発物 **atom bomb** 原子爆弾

□ **book** 名本，書物

□ **born** 動 **be born** 生まれる

□ **boy** 名少年，男の子

□ **bus** 名バス

□ **busy** 形忙しい

□ **but** 接 ①でも，しかし ②～を除いて 前 ～を除いて，～のほかは 副ただ，のみ，ほんの

□ **by** 前 ①《位置》～のそばに［で］ ②《手段・方法・行為者・基準》～によって，～で ③《期限》～までには ④《通過・経由》～を経由して，～を通って 副そばに，通り過ぎて

C

□ **call** 動呼ぶ，叫ぶ

□ **came** 動 come（来る）の過去

□ **Campbell, William Wallace** ウィリアム・ウォレス・キャンベル《アメリカ合衆国の天文学者。1862–1938》

□ **can** 助 ①～できる ②～してもよい ③～でありうる ④《否定文で》～のはずがない

□ **cannot** can（～できる）の否定形（=can not）

□ **card** 名トランプ

□ **care** 名 ①心配，注意 ②世話，介護 **take care of** ～の世話をする，～面倒を見る，～を管理する

□ **catch** 動 ①つかまえる ②追いつく catch up to ～に追いつく

□ **cause** 動 (～の) 原因となる, 引き起こす

□ **chair** 名 いす

□ **chance** 名 ①偶然, 運 ②好機

□ **change** 動 変わる, 変える

□ **check** 動 確認する, 照合する, 検査する

□ **child** 名 子ども

□ **children** 名 child (子ども) の複数

□ **clean** 動 掃除する, よごれを落とす

□ **clerk** 名 事務員, 店員

□ **clock** 名 掛け [置き] 時計 the hands of a clock 時計の針

□ **close** 形 ①近い ②親しい ③狭い 副 ①接近して ②密集して come close to ～に近づく, もう少しで～しそうになる

□ **clothes** 名 衣服, 身につけるもの

□ **club** 名 クラブ, (同好) 会

□ **come** 動 ①来る, 行く, 現れる ②(出来事が) 起こる, 生じる ③～になる ④come の過去分詞 come close to ～に近づく, もう少しで～しそうになる come from behind 後ろからやって来る come in やってくる come up with ～に追いつく, ～を思いつく, 考え出す, 見つけ出す

□ **coming** 動 come (来る) の現在分詞

□ **committee** 名 評議会, 委員 (会)

□ **cook** 動 料理する

□ **cooperation** 名 協力, 提携

□ **country** 名 国

□ **course** 名 of course もちろん, 当然

□ **cousin** 名 いとこ

□ **crazy** 形 ①狂気の, ばかげた, 無茶な ②夢中の, 熱狂的な

□ **curved** 形 湾曲した, 曲線状の, 曲がった

D

□ **danger** 名 危険, 障害, 脅威

□ **daughter** 名 娘

□ **David Hilbert** ダフィット・ヒルベルト《ドイツの数学者, 1862–1943》

□ **day** 名 ①日中, 昼間 ②日, 期日 all day long 一日中, 終日 every day 毎日 in those days あのころは, 当時は night and day 昼も夜も one day (過去の) ある日, (未来の) いつか

□ **decide** 動 決定 [決意] する, (～しようと) 決める, 判決を下す decide to do ～することに決める

□ **decided** 動 decide (決定する) の過去, 過去分詞

□ **did** 動 do (～をする) の過去 助 do の過去

□ **die** 動 死ぬ, 消滅する

□ **died** 動 die (死ぬ) の過去, 過去分詞

□ **different** 形 異なった, 違った, 別の, さまざまな be different from ～と違う

□ **divorce** 動離婚する 名離婚，分離 **get a divorce** 離婚する

□ **do** 助 ①《ほかの動詞とともに用いて現在形の否定文・疑問文をつくる》 ②《同じ動詞を繰り返す代わりに用いる》 ③《動詞を強調するのに用いる》 動 ～をする **do well** 成績が良い，成功する

□ **doctor** 名医者，博士(号)

□ **down** 副 ①下へ，降りて，低くなって ②倒れて **go down** 下に降りる **pull down** 引き下ろす 前 ～の下方へ，～を下って

□ **dream** 名夢，幻想 動 (～の)夢を見る，夢想[想像]する **dream of** ～を夢見る

E

□ **E=mc²** アルベルト・アインシュタインが特殊相対性理論の帰結として発表した有名な関係式。質量とエネルギーの等価性とも言われる。

□ **earth** 名 ①《the －》地球 ②大地，陸地，土

□ **easy** 形 ①やさしい，簡単な ②気楽な，くつろいだ

□ **eclipse** 名日食

□ **Eddington, Arthur** アーサー・エディントン《イギリスの天文学者，相対性理論に関する業績で知られる。アインシュタインの一般相対性理論を英語圏に紹介した。1882–1944》

□ **Eduard** 名エドゥアルト《アインシュタインの次男，1910–1965》

□ **Edwin Hubble** エドウィン・ハッブル《アメリカ合衆国の天文学者，現代の宇宙論の基礎を築いた。1889–1953》

□ **Einstein, Albert** アルベルト・アインシュタイン《ドイツ生まれのユダヤ人理論物理学者，1879–1955》

□ **elevator** 名エレベーター

□ **Elsa** 名エルザ《アインシュタインのいとこで2番目の妻，1876–1936》

□ **end** 名 ①終わり，終末，死 ②果て，末，端 ③目的 動終わる，終える

□ **energy** 名エネルギー

□ **England** 名 ①イングランド ②英国

□ **English** 名 ①英語 ②《the －》英国人 形 ①英語の ②英国(人)の

□ **enjoy** 動楽しむ，享受する **enjoy doing** ～するのが好きだ，～するのを楽しむ

□ **enough** 形十分な，(～するに)足る

□ **equation** 名方程式

□ **Erwin Finlay Freundlich** エルヴィン・フィンレイ＝フロイントリッヒ《ドイツ人天文学者。アインシュタインの一般相対性理論を検証するために，1914年，8月21日の日食を観測するべく遠征隊を率いてクリミア半島に向かった。1885–1964》

□ **Euclid** 名ユークリッド原論《紀元前3世紀ごろにエジプトのアレクサンドリアで活躍した数学者エウクレイデス(ユークリッド)によって編纂された数学書》

☐ **Europe** 名ヨーロッパ

☐ **even** 副①《強意》～でさえも，～ですら，いっそう，なおさら ②平等に

☐ **every** 形①どの～も，すべての，あらゆる ②毎～，～ごとの **every day** 毎日

☐ **everyone** 代誰でも，皆

☐ **everything** 代すべてのこと［もの］，何でも，何もかも

☐ **everywhere** 副どこにいても，いたるところに

☐ **experiment** 名実験，試み

☐ **explain** 動説明する，明らかにする，釈明［弁明］する

F

☐ **failure** 名失敗，落第

☐ **fall** 動①落ちる，倒れる ②（値段・温度が）下がる ③（ある状態に）急に陥る **fall in love with** 恋におちる 名①落下，墜落 ②秋

☐ **family** 名家族

☐ **famous** 形有名な，名高い

☐ **fast** 形（速度が）速い **as fast as** ～と同じ速さで 副速く，急いで

☐ **father** 名父親

☐ **favorite** 形お気に入りの

☐ **feel** 動感じる，（～と）思う

☐ **fell** 動fall（落ちる）の過去

☐ **few** 形①ほとんどない，少数の（～しかない） ②《a－》少数の，少しはある

☐ **fight** 動（～と）戦う，争う 名戦い，争い，けんか

☐ **find** 動①見つける ②（～と）わかる，気づく，～と考える ③得る

☐ **finish** 動終わる，終える

☐ **finishing** 動finish（終わる）の現在分詞

☐ **first** 名最初，第一（の人・物） 形①第一の，最初の ②最も重要な 副第一に，最初に

☐ **float** 動浮く，浮かぶ

☐ **floating** float（浮く）の現在分詞

☐ **for** 前①《目的・原因・対象》～にとって，～のために［の］，～に対して ②《期間》～間 ③《代理》～の代わりに ④《方向》～へ（向かって） **for ～ years** ～年間，～年にわたって 接というわけは～，なぜなら～，だから

☐ **found** 動find（見つける）の過去，過去分詞

☐ **four** 名4（の数字），4人［個］ 形4の，4人［個］の

☐ **fourth** 名第4番目（の人・物），4日 形第4番目の

☐ **French** 形フランス（人・語）の 名①フランス語 ②《the－》フランス人

☐ **Freundlich, Erwin Finlay** エルヴィン・フィンレイ＝フロイントリッヒ《ドイツ人天文学者。アインシュタインの一般相対性理論を検証するために，1914年，8月21日の日食を観測するべく遠征隊を率いてクリミア半島に向かった。1885–1964》

☐ **Friedmann, Alexander** アレクサンドル・フリードマン《ソ連の宇宙物理学者，1922年に一般相対

性理論の場の方程式に従う膨張宇宙のモデルをフリードマン方程式の解として定式化したことで知られる。1888–1925》

□ **friend** 名友だち, 仲間

□ **from** 前 ①《出身・出発点・時間・順序・原料》～から ②《原因・理由》～がもとで

G

□ **game** 名ゲーム, 試合, 遊び, 競技

□ **gave** 動give (与える) の過去

□ **general** 形全体の, 一般の, 普通の

□ **general relativity** 《物理》一般相対性理論

□ **Germany** 名ドイツ《国名》

□ **get** 動 ①得る, 手に入れる ②(ある状態に) なる, いたる ③わかる, 理解する ④～させる, ～を (…の状態に) する ⑤(ある場所に) 達する, 着く **get a divorce** 離婚する **get bigger** さらに大きくなる **get into** ～に入る, 入り込む **get married** 結婚する **get published** 〔本などが〕出版される, 〔論文などが〕発表される **get someone a job** (人) に職を見つけてやる

□ **give** 動 ①与える, 贈る ②伝える, 述べる ③(～を) する **give up** あきらめる, やめる

□ **go** 動 ①行く, 出かける ②動く ③進む, 経過する, いたる ④(ある状態に) なる **be going to** ～するつもりである **go down** 下に降りる **go well** 〔事が〕うまく [順調に] いく [進む]

□ **good** 形 ①よい, 上手な, 優れた, 美しい ②(数量・程度が) かなりの, 相当な **no good at all** 《be –》～が全く[てんで・からきし]駄目[へた・不得意]である

□ **goodbye** 間さようなら 名別れのあいさつ

□ **got** 動get (得る) の過去, 過去分詞

□ **gravity** 名重力, 引力

□ **great** 形 ①大きい, 広大な, (量や程度が) たいへんな ②偉大な, 優れた ③すばらしい, おもしろい

□ **grey** 形 ①灰色の ②どんよりした 名灰色

H

□ **had** 動have (持つ) の過去, 過去分詞 助haveの過去《過去完了の文をつくる》

□ **hair** 名髪, 毛

□ **hand** 名 ①手 ②(時計の) 針 **the hands of a clock** 時計の針

□ **Hans Albert** ハンス・アルベルト《アインシュタインの長男, カリフォルニア大学バークレー校教授。1904–1973》

□ **happy** 形幸せな, うれしい, 幸運な, 満足して

□ **hard** 形 ①激しい, むずかしい ②無情な, 耐えがたい, 厳しい, きつい **hard time** つらい時期, 難局 **hard to** ～し難い

□ **has** 動have (持つ) の3人称単数現在 助haveの3人称単数現在《現

在完了の文をつくる》

□ **hate** 動嫌う，憎む，(～するのを) いやがる

□ **have** 動①持つ，持っている，抱く ②(～が)ある，いる ③食べる，飲む ④経験する，(病気に)かかる ⑤催す，開く ⑥(人に) ～させる **have to** ～しなければならない 助《〈have+過去分詞〉の形で現在完了の文をつくる》～した，～したことがある，ずっと～している

□ **he** 代彼は[が]

□ **health** 名健康(状態)

□ **hear** 動聞く，聞こえる **hear about** ～について聞く

□ **heard** 動hear (聞く)の過去，過去分詞

□ **heart** 名心臓，胸

□ **help** 動①助ける，手伝う ②給仕する 名助け，手伝い

□ **her** 代①彼女を[に] ②彼女の

□ **high** 形高い

□ **Hilbert, David** ダフィット・ヒルベルト《ドイツの数学者，1862–1943》

□ **him** 代彼を[に]

□ **his** 代①彼の ②彼のもの

□ **hospital** 名病院

□ **house** 名家，家庭

□ **how** 副①どうやって，どれくらい，どんなふうに ②なんて(～だろう) ③《関係副詞》～する方法

□ **Hubble, Edwin** エドウィン・ハッブル《アメリカ合衆国の天文学者，現代の宇宙論の基礎を築いた。1889–1953》

I

□ **idea** 名考え，意見，アイデア，計画

□ **if** 接もし～ならば，たとえ～でも，～かどうか **what if** もし～だったらどうなるだろうか 名疑問，条件，仮定

□ **imagine** 動想像する，心に思い描く

□ **important** 形重要な，大切な，有力な

□ **in** 前①《場所・位置・所属》～(の中)に[で・の] ②《時》～(の時)に[の・で]，～後(に)，～の間(に) ③《方法・手段》～で ④～を身につけて，～を着て ⑤～に関して，～について ⑥《状態》～の状態で 副中へ[に]，内へ[に]

□ **interectual** 形知性の，知的な

□ **interested** 動interest (興味を起こさせる)の過去，過去分詞 形興味を持った，関心のある **be interested in** ～に興味[関心]がある

□ **international** 形国際(間)の

□ **into** 前①《動作・運動の方向》～の中へ[に] ②《変化》～に[へ] **get into** ～に入る，入り込む

□ **invite** 動①招待する，招く ②勧める，誘う

□ **is** 動be (～である)の3人称単数現在

□ **Isaac Newton** アイザック・ニュートン《イングランドの自然哲学者，数学者，1642–1727》

□ **Israel** 名イスラエル《国名》

□ **it** 代 ①それは[が], それを[に] ②《天候・日時・距離・寒暖などを示す》

□ **Italy** 名イタリア《国名》

□ **its** 代それの, あれの

J

□ **Jewish** 形ユダヤ人の, ユダヤ教の

□ **job** 名仕事, 職, 雇用 **get someone a job** (人)に職を見つけてやる

□ **join** 動一緒になる, 参加する

□ **journal** 名雑誌, 機関誌

□ **June** 名6月

□ **just** 形正しい, もっともな, 当然な 副 ①まさに, ちょうど, (~した)ばかり ②ほんの, 単に, ただ~だけ ③ちょっと

K

□ **Kaiser** 名《敬称としての》皇帝, カイザー, カイゼル

□ **kill** 動殺す, 消す, 枯らす

□ **kind** 形親切な, 優しい

□ **knew** 動know (知っている) の過去

□ **know** 動 ①知っている, 知る, (~が) わかる, 理解している ②知り合いである

L

□ **last** 形 ①《the –》最後の ②この前の, 先~ 副 ①最後に ②この前

□ **late** 形遅い 副遅れて, 遅く

□ **lazy** 形怠惰な, 無精な

□ **leave** 動出発する, 去る

□ **letter** 名手紙

□ **level** 名水準

□ **life** 名 ①一生, 生涯, 人生 ②生活, 暮らし, 世の中

□ **light** 名光, 明かり

□ **like** 動好む, 好きである 前 ~に似ている, ~のような **not like** 《be –》~と違って[異なって]いる 形似ている, ~のような 接あたかも~のように

□ **listen** 動《– to ~》~を聞く, ~に耳を傾ける

□ **listening** listen (聞く) の現在分詞

□ **little** 形 ①小さい, 幼い ②少しの, 短い ③ほとんど~ない, 《a –》少しはある 名少し(しか), 少量 副全然~ない, 《a –》少しはある

□ **live** 動住む, 暮らす, 生きている

□ **long** 形 ①長い, 長期の ②《長さ・距離・時間などを示す語句を伴って》~の長さ[距離・時間]の **all day long** 一日中, 終日 副長い間, ずっと

□ **look** 動 ①見る ②(~に) 見える, (~の) 顔つきをする ③注意する ④《間投詞のように》ほら, ねえ **look back at** ~に視線を戻す, ~を振り返って見る **look for** ~を探す **look out** ①外を見る ②気をつける, 注意する 名 ①一見, 目つき ②外観, 外見, 様子

□ **looking** 形 ~に見える《複合語で》

□ **lot** 名たくさん, たいへん,《a – of ~ / – s of ~》たくさんの~

□ **love** 名愛, 愛情, 思いやり **fall in love with** 恋におちる 動愛する, 恋する, 大好きである

□ **luck** 名運, 幸運, めぐり合わせ **bad luck** 災難, 不運, 悪運

M

□ **made** 動make (作る) の過去, 過去分詞 **be made of** ~でできて[作られて]いる 形作った, 作られた

□ **make** 動 ①作る, 得る ②行う, (~に) なる ③(~を…に) する, (~を…) させる **make ~ out of …** ~を…から作る

□ **man** 名男性, 人

□ **many** 形多数の, たくさんの 代多数 (の人・物)

□ **march** 名 ①行進 ②《M-》3月 動行進する[させる], 進展する

□ **Maric, Mileva** ミレーバ・マリッチ《アインシュタインの最初の妻, 1919年に離婚。1875–1948》

□ **married** 動marry (結婚する) の過去, 過去分詞 **get married** 結婚する 形結婚した, 既婚の

□ **marry** 動結婚する

□ **math** 名数学

□ **matter** 名物質

□ **Max Planck** マックス・プランク《ドイツの物理学者で量子論の創始者の一人, 1858–1947》

□ **measure** 動 ①測る, (~の) 寸法がある ②評価する

□ **meet** 動 ①会う, 知り合いになる ②合流する, 交わる ③(条件などに) 達する, 合う

□ **member** 名一員, メンバー

□ **men** 名man (男性) の複数

□ **Mercury** 名水星《惑星》

□ **met** 動meet (会う) の過去, 過去分詞

□ **might** 助《mayの過去》①~かもしれない ②~してもよい, ~できる 名力, 権力

□ **Mileva Maric** ミレーバ・マリッチ《アインシュタインの最初の妻, 1919年に離婚。1875–1948》

□ **miracle** 名奇跡 (的な出来事), 不思議なこと

□ **mistake** 名誤り, 誤解, 間違い 動間違える, 誤解する

□ **mix** 動混ぜる, 混ざる, 調和させる

□ **mixed** 動mix (混ざる) の過去, 過去分詞

□ **money** 名金

□ **more** 形 ①もっと多くの ②それ以上の, 余分の 副もっと, さらに多く, いっそう **more of** ~よりもっと 名もっと多くの物[人]

□ **morning** 名朝, 午前

□ **most** 形 ①最も多い ②たいていの, 大部分の 代 ①大部分, ほとんど ②最多数, 最大限 副最も(多く) **most of all** とりわけ, 中でも

□ **mother** 名母, 母親

□ **motion** 名 ①運動, 移動 ②身振り, 動作 ③(機械の) 運転 動身振りで合図する

□ **move** 動 ①動く, 動かす ②感動

させる ③引っ越す, 移動する **move around** ～の周りを移動する **move out of** ～から出る[出て行く・引っ越す] **move to** ～に引っ越す 名 ①動き, 運動 ②転居, 移動

□ **movie** 名 映画, 映画館

□ **moving** 動 move (動く) の現在分詞 形 ①動いている ②感動させる

□ **Mozart** 名 モーツァルト《オーストリアの作曲家, 1756–1791》

□ **much** 形 (量・程度が) 多くの, 多量の 副 ①とても, たいへん ②《比較級・最上級を修飾して》ずっと, はるかに

□ **music** 名 音楽, 楽曲

□ **musician** 名 音楽家

N

□ **name** 名 名前 動 ①名前をつける ②名指しする

□ **Nazis** 名 ナチス

□ **need** 動 (～を) 必要とする, 必要である 助 ～する必要がある

□ **new** 形 ①新しい, 新規の ②新鮮な, できたての

□ **Newton, Isaac** アイザック・ニュートン《イングランドの自然哲学者, 数学者, 1642–1727》

□ **next** 形 次の, 翌～ 副 次に

□ **night** 名 夜, 晩 **night and day** 昼も夜も

□ **no** 副 ①いいえ, いや ②少しも～ない **no good at all**《be –》～が全く[てんで・からきし]駄目[へた・不得意]である 形 ～がない, 少しも～ない, ～どころでない, ～禁止 **no one** 誰も[一人も]～ない 名 否定, 拒否

□ **Nobel Prize** ノーベル賞

□ **nobody** 代 誰も[1人も]～ない

□ **not** 副 ～でない, ～しない **not like**《be –》～と違って[異なって]いる **not ～ at all** 少しも[全然]～ない

□ **now** 副 ①今(では), 現在 ②今すぐに ③では, さて 名 今, 現在 形 今の, 現在の

□ **nuclear** 形 核の, 原子力の

O

□ **of** 前 ①《所有・所属・部分》～の, ～に属する ②《性質・特徴・材料》～の, ～製の ③《部分》～のうち ④《分離・除去》～から

□ **often** 副 しばしば, たびたび

□ **old** 形 ①年取った, 老いた ②～歳の ③古い, 昔の

□ **on** 前 ①《場所・接触》～(の上)に ②《日・時》～に, ～と同時に, ～のすぐ後で ③《関係・従事》～に関して, ～について, ～して 副 ①身につけて, 上に ②前へ, 続けて

□ **one** 名 1 (の数字), 1人[個] 形 ①1の, 1人[個]の ②ある～ ③《the –》唯一の **one day** (過去の) ある日, (未来の) いつか 代 ①(一般の) 人, ある物 ②一方, 片方 ③～なもの **no one** 誰も[一人も]～ない **one of** ～の1つ[人]

□ **only** 形 唯一の 副 ①単に, ～に

すぎない, ただ～だけ ②やっと 接 ただし, だがしかし

□ **or** 接 ①～か…, または ②さもないと ③すなわち, 言い換えると

□ **orbit** 名 軌道

□ **other** 形 ①ほかの, 異なった ②(2つのうち)もう一方の, (3つ以上のうち)残りの 代 ①ほかの人[物] ②《the –》残りの1つ

□ **our** 代 私たちの

□ **out** 副 ①外へ[に], 不在で, 離れて ②世に出て ③消えて ④すっかり **look out** ①外を見る ②気をつける, 注意する **make ～ out of …** ～を…から作る **move out of** ～から出る[出て行く・引っ越す] **out of** ①～から外へ, ～から抜け出して ②～から作り出して, ～を材料として ③～の範囲外に, ～から離れて 形 ①外の, 遠く離れた ②公表された 前 ～から外へ[に] 動 ①追い出す ②露見する ③(スポーツで)アウトにする

□ **over** 前 ①～の上の[に], ～を一面に覆って ②～を越えて, ～以上に, ～よりまさって ③～の向こう側の[に] ④～の間 **take over** 引き継ぐ, 支配する, 乗っ取る 副 上に, 一面に, ずっと

P

□ **paper** 名 論文

□ **parent** 名《-s》両親

□ **parties** 名 party (パーティー) の複数形

□ **party** 名 パーティー, 会, 集まり

□ **peace** 名 ①平和, 和解, 《the –》治安 ②平穏, 静けさ

□ **people** 名 ①(一般に)人々 ②民衆, 世界の人々, 国民, 民族 ③人間

□ **photon** 名 光子, 光量子

□ **physicist** 名 物理学者

□ **physics** 名 物理学

□ **piano** 名 ピアノ

□ **picture** 名 ①絵, 写真, 《-s》映画 ②イメージ, 事態, 状況, 全体像 **take a picture of** ～を撮影する, ～の写真を撮る

□ **Planck, Max** マックス・プランク《ドイツの物理学者で量子論の創始者の一人, 1858–1947》

□ **play** 動 ①遊ぶ, 競技する ②(楽器を)演奏する, (役を)演じる

□ **popular** 形 ①人気のある, 流行の ②一般的な, 一般向きの **be popular with** ～に人気がある

□ **practice** 動 練習[訓練]する

□ **president** 名 大統領

□ **Princeton** 名 プリンストン《ニュージャージー州にある都市》

□ **Princeton University** プリンストン大学《アメリカ合衆国の私立大学》

□ **prize** 名 賞, 賞品, 賞金

□ **problem** 名 問題, 難問

□ **promise** 動 約束する

□ **prove** 動 証明する

□ **Prussian Academy** プロイセン科学アカデミー《ベルリンで1700年に設立》

□ **publish** 動 ①発表[公表]する ②出版[発行]する **get published** 〔本などが〕出版される, 〔論文など

が〕発表される

□ **pull** 動 ①引く，引っ張る ②引きつける **pull down** 引き下ろす

□ **push** 動 ①押す，押し進む，押し進める ②進む，突き出る

Q・R

□ **question** 名 質問，疑問，問題

□ **read** 動 読む，読書する

□ **realize** 動 理解する，実現する

□ **relativity** 名 関連性，相対性，相対論

□ **ride** 動 乗る，乗って行く，馬に乗る

□ **right** 形 ①正しい ②適切な 名 ①正しいこと ②権利

□ **roof** 名 屋根(のようなもの)

□ **room** 名 ①部屋 ②空間，余地

□ **royal** 形 王立の，国王［王室］の

□ **Royal Society** ロンドン王立協会《現存する最も古い科学学会，1660–》

□ **Russia** 名 ロシア《国名》

S

□ **sad** 形 ①悲しい，悲しげな ②惨めな，不運な

□ **said** 動 say (言う) の過去，過去分詞

□ **same** 形 ①同じ，同様の ②前述の 代《the –》同一の人［物］ 副《the –》同様に

□ **saw** 動 see (見る) の過去

□ **say** 動 言う，口に出す

□ **school** 名 学校

□ **science** 名 (自然)科学，理科，～学，学問

□ **scientist** 名 (自然)科学者

□ **second** 形 第2の，2番の

□ **see** 動 ①見る，見える，見物する ②(～と)わかる，認識する，経験する ③会う ④考える，確かめる，調べる ⑤気をつける

□ **she** 代 彼女は［が］

□ **show** 動 ①見せる，示す，見える ②明らかにする，教える ③案内する

□ **sick** 形 病気の

□ **since** 接 ①～以来 ②～だから 前 ～以来 副 それ以来

□ **sit** 動 座る，腰掛ける

□ **situation** 名 ①場所，位置 ②状況，境遇，立場

□ **six** 名 6(の数字)，6人［個］ 形 6の，6人［個］の

□ **sky** 名 ①空，天空，大空 ②天気，空模様，気候

□ **slowly** 副 遅く，ゆっくり

□ **so** 副 ①とても ②同様に，～もまた ③《先行する句・節の代用》そのように，そう **so ～ that** … 非常に～なので… 接 ①だから，それで ②では，さて

□ **society** 名 社会，世間

□ **soldier** 名 兵士，兵卒

□ **some** 形 ①いくつかの，多少の ②ある，誰か，何か 副 約，およそ 代 ①いくつか ②ある人［物］たち

□ **someone** 代 ある人，誰か **It is ～ for someone to** … (人)が…す

るのは～だ **get someone a job** (人)に職を見つけてやる

□ **something** 代 ①ある物, 何か ②いくぶん, 多少

□ **sometimes** 副 時々, 時たま

□ **son** 名 息子, 子弟, ～の子

□ **soon** 副 まもなく, すぐに, すみやかに

□ **space** 名 ①空間, 宇宙 ②すき間, 余地, 場所, 間

□ **speak** 動 話す, 言う, 演説する

□ **special** 形 ①特別の, 特殊の, 臨時の ②専門の

□ **special relativity** 《物理》特殊相対性理論

□ **speed** 名 速力, 速度 動 加速する **at the speed of light** 光の速さで

□ **sport** 名 スポーツ

□ **start** 動 ①出発する, 始まる, 始める ②生じる, 生じさせる **start doing** ～し始める **start to do** ～し始める 名 出発, 開始

□ **station** 名 駅

□ **still** 副 ①まだ, 今でも ②それでも(なお)

□ **stop** 動 ①やめる, やめさせる, 止める, 止まる ②立ち止まる **stop doing** ～するのをやめる

□ **story** 名 ①物語, 話 ②(建物の)階

□ **straight** 形 ①一直線の, まっすぐな, 直立[垂直]の ②率直な, 整然とした 副 ①一直線に, まっすぐに, 垂直に ②率直に

□ **strange** 形 ①知らない, 見[聞き]慣れない ②奇妙な, 変わった

□ **student** 名 学生, 生徒

□ **study** 動 ①勉強する, 研究する ②調べる 名 ①勉強, 研究 ②書斎

□ **summer** 名 夏

□ **sun** 名《the –》太陽, 日

□ **support** 動 ①支える, 支持する ②養う, 援助する

□ **Switzerland** 名 スイス《国名》

T

□ **T-shirt** 名 Tシャツ

□ **take** 動 ①取る, 持つ ②持って[連れて]いく, 捕らえる ③乗る ④(時間・労力を)費やす, 必要とする ⑤(ある動作を)する ⑥飲む ⑦耐える, 受け入れる **take a picture of** ～を撮影する, ～の写真を撮る **take care of** ～の世話をする, ～面倒を見る, ～を管理する **take over** 引き継ぐ, 支配する, 乗っ取る

□ **talk** 動 話す, 語る, 相談する 名 ①話, おしゃべり ②演説 ③《the –》話題

□ **tall** 形 高い, 背の高い

□ **teacher** 名 先生, 教師

□ **telescope** 名 望遠鏡

□ **television** 名 テレビ

□ **tell** 動 ①話す, 言う, 語る ②教える, 知らせる, 伝える ③わかる, 見分ける **tell ～ to …** ～に…するように言う

□ **test** 名 試験, テスト, 検査

□ **that** 形 その, あの 代 ①それ, あれ, その[あの]人[物] ②《関係代名詞》～である… 接 ～ということ, ～な

ので，～だから **so ～ that** … 非常に～なので… 副 そんなに，それほど

□ **the** 冠 ①その，あの ②《形容詞の前で》～な人々 副《－＋比較級，－＋比較級》～すればするほど…

□ **their** 代 彼(女)らの，それらの

□ **them** 代 彼(女)らを[に]，それらを[に]

□ **then** 副 その時(に・は)，それから，次に 名 その時 **until then** その時まで，それまで 形 その当時の

□ **theory** 名 理論，学説

□ **there** 副 ①そこに[で・の]，そこへ，あそこへ ②《－ is [are] ～》～がある[いる] 名 そこ

□ **these** 代 これら，これ 形 これらの，この

□ **they** 代 ①彼(女)らは[が]，それらは[が] ②(一般の)人々は[が]

□ **thing** 名 物，事

□ **think** 動 思う，考える

□ **thinking** 動 think (思う)の現在分詞 名 考えること，思考

□ **this** 形 ①この，こちらの，これを ②今の，現在の **at this time** 現時点では，このとき 代 ①これ，この人[物] ②今，ここ

□ **those** 形 それらの，あれらの **in those days** あのころは，当時は 代 それら[あれら]の人[物]

□ **thought** 動 think (思う)の過去，過去分詞 名 考え，意見

□ **three** 名 3(の数字)，3人[個] 形 3の，3人[個]の

□ **threw** 動 throw (投げる)の過去

□ **throw** 動 投げる

□ **time** 名 ①時，時間，歳月 ②時期 ③期間 ④時代 ⑤回，倍 **all the time** ずっと，いつも，その間ずっと **at the time** そのころ，当時は **at this time** 現時点では，このとき **hard time** つらい時期，難局

□ **timing** 名 タイミング，時機を選ぶこと

□ **to** 前 ①《方向・変化》～へ，～に，～の方へ ②《程度・時間》～まで ③《適合・付加・所属》～に ④《－＋動詞の原形》～するために[の]，～する，～すること

□ **today** 名 今日 副 今日(で)は

□ **together** 副 ①一緒に，ともに ②同時に

□ **told** 動 tell (話す)の過去，過去分詞

□ **too** 副 ①～も(また) ②あまりに～すぎる，とても～

□ **took** 動 take (取る)の過去

□ **toward** 前 ①《運動の方向・位置》～の方へ，～に向かって ②《目的》～のために

□ **train** 名 列車，電車

□ **translator** 名 翻訳者，通訳者

□ **tried** 動 try (試みる)の過去，過去分詞

□ **true** 形 ①本当の，本物の，真の ②誠実な，確かな

□ **try** 動 ①やってみる，試みる ②努力する，努める

□ **two** 名 2(の数字)，2人[個] 形 2の，2人[個]の

A B C D E F G H I J K L M N O P Q R S T U V W X Y Z

U

□ **unified** 形〔複数あるものが〕一つにまとめられた, 統一[統合]された

□ **unified theory** 統一場理論《様々な力を統一しようとする場の理論, 正式名称はunified field theory》

□ **universe** 名《the – /the U-》宇宙, 全世界

□ **university** 名（総合）大学

□ **until** 前 ～まで（ずっと） **until then** その時まで, それまで 接 ～の時まで, ～するまで

□ **up** 副 ①上へ, 上がって, 北へ ②立って, 近づいて ③向上して, 増して 前 ①～の上（の方）へ, 高い方へ ②（道）に沿って 形 上向きの, 上りの 名 上昇, 向上, 値上がり

□ **use** 動 ①使う, 用いる ②費やす

□ **used** 動 ①use（使う）の過去, 過去分詞 ②《– to》よく～したものだ, 以前は～であった 形 ①慣れている, 《get [become] – to》～に慣れてくる ②使われた, 中古の

V • W

□ **very** 副 とても, 非常に, まったく 形 本当の, きわめて, まさしくその

□ **violin** 名 バイオリン

□ **wait** 動 待つ, 待機する, 待ち望む **wait for** ～を待つ

□ **Wallace Campbell** 《William –》ウィリアム・ウォレス・キャンベル《アメリカ合衆国の天文学者。1862–1938》

□ **want** 動 ほしい, 望む, ～したい, ～してほしい

□ **war** 名 戦争（状態）, 闘争, 不和

□ **was** 動《beの第1・第3人称単数現在am, isの過去》～であった,（～に）いた[あった]

□ **watch** 動 ①じっと見る, 見物する ②注意[用心]する, 監視する

□ **way** 名 ①道, 通り道 ②方向, 距離 ③方法, 手段 ④習慣 **way to** ～する方法

□ **we** 代 私たちは[が]

□ **weak** 形 弱い, 力のない, 病弱な

□ **weapon** 名 武器, 兵器

□ **week** 名 週, 1週間

□ **weight** 名 重さ, 重力, 体重

□ **welcome** 形〔人が〕～するのを快く思う[歓迎する]

□ **well** 副 ①うまく, 上手に ②十分に, よく, かなり **do well** 成績が良い, 成功する **go well**〔事が〕うまく[順調に]いく[進む]

□ **went** 動 go（行く）の過去

□ **were** 動《beの2人称単数・複数の過去》～であった,（～に）いた[あった]

□ **what** 代 ①何が[を・に] ②《関係代名詞》～するところのもの[こと] **what if** もし～だったらどうなるだろうか **what to do with** ～をどうするか 形 ①何の, どんな ②なんと ③～するだけの 副 いかに, どれほど

□ **when** 副 ①いつ ②《関係副詞》～するところの, ～するとその時, ～するとき 接 ～の時, ～するとき

代 いつ

□ **where** 副 ①どこに[で] ②《関係副詞》～するところの，そしてそこで，～するところ 接 ～なところに[へ]，～するところに[へ] 代 ①どこ，どの点 ②～するところの

□ **why** 副 ①なぜ，どうして ②《関係副詞》～するところの(理由)

□ **will** 助 ～だろう，～しよう，する(つもりだ)

□ **win** 動 勝つ，獲得する，達する

□ **window** 名 窓，窓ガラス

□ **winner** 名 勝利者，成功者

□ **with** 前 ①《同伴・付随・所属》～と一緒に，～を身につけて，～とともに ②《様態》～(の状態)で，～して ③《手段・道具》～で，～を使って

□ **woman** 名 (成人した)女性，婦人

□ **women** 名 woman (女性)の複数

□ **won** 動 win (勝つ)の過去，過去分詞

□ **word** 名 ①語，単語 ②ひと言 ③《one's –》約束

□ **work** 動 ①働く，勉強する，取り組む ②機能[作用]する，うまくいく **work for** ～に有効である，～の役に立つ，～に都合がいい **work in** ～の分野で働く，～に入り込む **work on** ～で働く，～に取り組む 名 ①仕事，勉強 ②職 ③作品 **at work** 働いて，仕事中で

□ **world** 名《the –》世界，～界 **in the world** 世界で

□ **World War I** 第一次世界大戦《欧州中央勢力(独，オーストリア・ハンガリー，ブルガリア，トルコ)と連合勢力(英，仏，露，伊，ルーマニア，米，日，ほか)との戦争。1914–1918》

□ **worried** 動 worry (悩む)の過去，過去分詞 形 心配そうな，不安げな

□ **worry** 動 悩む，悩ませる，心配する[させる] **worry about** ～のことを心配する 名 苦労，心配

□ **write** 動 書く，手紙を書く **write to** ～に手紙を書く

□ **wrote** 動 write (書く)の過去

□ **year** 名 ①年，1年 ②学年，年度 ③～歳 **for ～ years** ～年間，～年にわたって

□ **yes** 副 はい，そうです 名 肯定の言葉[返事]

□ **you** 代 ①あなた(方)は[が]，あなた(方)を[に] ②(一般に)人は

□ **young** 形 若い，幼い，青年の

ステップラダー・シリーズ
アインシュタイン物語

2020年1月6日　第1刷発行

著　者　ニーナ・ウェグナー

発行者　浦　晋亮

発行所　IBCパブリッシング株式会社
〒162-0804 東京都新宿区中里町29番3号 菱秀神楽坂ビル9F
Tel. 03-3513-4511　Fax. 03-3513-4512
www.ibcpub.co.jp

印　刷　株式会社シナノパブリッシングプレス
装　幀　久保頼三郎
ナレーション　キンバリー・ティアニー
録音スタジオ　株式会社巧芸創作
写真提供　Wikimedia、ロイター＝共同

ISBN978-4-7946-0614-3